Die BIENE

Ein Sachbuch für KINDER

Schwager & Steinlein

Inhalt

Die Welt der Honigbienen

Bienen und Menschen

Wie Wespen leben

Wer summt denn da?

Hast du an einem sonnigen Frühsommertag schon einmal auf einer Blumenwiese gesessen und einer pelzigen Biene beim Nektarsammeln zugeschaut? Oder das summende Treiben rund um einen blühenden Kirschbaum beobachtet? Ob in der Stadt oder auf dem Land – die hübschen und fleißigen Bienen kannst du überall antreffen, wo Pflanzen blühen. Und das ist gut so!

Kleine Bienen ganz groß

Honigbienen und ihre wilden Verwandten fliegen vom Frühling bis zum Spätsommer durch unsere Gärten und Parks, um Nahrung für sich und ihren Nachwuchs zu sammeln. Dabei leisten sie Großartiges.

Bei ihrer Nahrungssuche tragen die Bienen den Blütenstaub von einer Blüte zur nächsten. Dadurch können sich die Pflanzen vermehren, und es wachsen neue Sprösslinge heran. Die Bienen leisten also einen wichtigen Beitrag dazu, dass unsere Umwelt erhalten bleibt.

Bienen lieben bunte Blumenwiesen.

Wild wachsende Brombeerpflanzen sind auch bei Hummeln beliebt.

Wo sollen die Wildbienen hier noch Nahrung und Schlupfwinkel finden?

Bienenschutz geht alle an

Leider sind viele Bienenarten bei uns selten geworden. Früher fanden sie in wild wachsenden Hecken, an wuchernden Wegrändern und zwischen Brombeerranken Nahrung und Unterschlupf. Heute lassen Landwirte und Gartenbesitzer solche Pflanzen, die sie als Unkraut betrachten, oft kaum noch wachsen. Schade, denn gerade Wildpflanzen bieten nicht nur den Bienen einen vielseitigen Lebensraum, sondern auch vielen anderen Tieren!

Zurück zur Natur

Lassen wir unsere Umwelt also wieder natürlicher werden, indem wir im Garten auf Spritzmittel verzichten und morsches Holz und trockene Stängel nicht gleich wegräumen! In diesem Buch erfährst du, wie die Bienen von Natur aus leben und wie wir alle ihnen helfen können. Auf geht's in die bunte und beeindruckende Welt der Bienen!

Zarte Luftwesen

So viele Hautflügler!

Die Bienen zählen zur Ordnung der Hautflügler, zu der auch die Ameisen, Hummeln und Wespen gehören. Aber was haben sie alle gemeinsam?

Wie alle Insekten besitzen die Hautflügler sechs Beine. Ihr Körper ist in Kopf, Brust und Hinterleib gegliedert. Außerdem tragen viele von ihnen vier durchscheinende Flügel. Weil die Flügel ganz dicht beieinanderliegen, sieht es auf den ersten Blick so aus, als wären es nur zwei.

Honigbiene ↗

↙ Gewöhnliche Wespe

Hummel ↘

↙ Waldameise

Nur in der Nahaufnahme sieht man die vier Flügel der Biene.

Taillenwespe oder Pflanzenwespe?

Es gibt zwei Gruppen von Hautflüglern.

Die **Taillenwespen** erkennst du an der schmalen Stelle zwischen Brust und Hinterleib, ihrer sogenannten Wespentaille. Die meisten von ihnen, beispielsweise Gewöhnliche Wespen und Hornissen, ernähren sich von anderen Insekten. Eine Ausnahme bilden die Bienen und Hummeln, die ebenfalls Taillenwespen sind, aber nur pflanzliche Nahrung zu sich nehmen.

Weniger bekannt ist die Gruppe der **Pflanzenwespen**, denen die Einkerbung zwischen Brust und Hinterleib fehlt. Die meisten von ihnen ernähren sich von Pflanzen.

Bunte Bienenwelt

Honigbienen und Wildbienen

Wenn von Bienen die Rede ist, denken wir meist an **Honigbienen**. Sie gehören alle zur gleichen Art und bilden große Völker. Honigbienen leben in Bienenstöcken unter menschlicher Obhut und liefern uns köstlichen Honig und Bienenwachs.

Neben den Honigbienen gibt es bei uns mehr als 500 Arten von **Wildbienen**. Sie leben meist einzelgängerisch in der freien Natur, und wir können aus ihren Nestern weder Honig noch Wachs gewinnen. Dennoch sind sie genauso fleißige Pflanzen-Bestäuber wie die Honigbienen.

Einseitige Nahrung

Manche Bienenarten, darunter auch die Honigbienen, nehmen Nektar und Pollen von vielen verschiedenen Pflanzen auf. Einige Wildbienen sind dagegen auf eine ganz bestimmte Pflanze spezialisiert. Sie lassen sich nur dort nieder, wo diese Pflanze wächst.

Die meisten Wildbienenarten leben einzeln (solitär).

Auch Hummeln zählen zu den eusozialen Bienen, die Staaten bilden.

Gesellig oder Einzelgänger?

Honigbienen leben in Völkern zusammen. In einem Bienenstaat übernimmt jedes Mitglied bestimmte Aufgaben. Die Bienenkönigin legt Eier, die männlichen Drohnen sind für die Befruchtung zuständig und die weiblichen Arbeiterinnen für die Aufzucht des Nachwuchses. Bienen, die so zusammenleben, bezeichnet man als **eusozial**. Außer den Honigbienen bilden auch manche Wildbienenarten solche Staaten.

Bei den meisten Wildbienenarten kommen die Männchen und die Weibchen allerdings nur zur Paarung zusammen und leben ansonsten als Einzelgänger. Diese Lebensweise nennt man **solitär**.

Zwischen den eusozialen und den solitären Insekten gibt es zahlreiche Zwischenstufen – beispielsweise Bienen, die zwar Nistgemeinschaften bilden, sich aber nur um den eigenen Nachwuchs kümmern.

Fliegende Feinschmecker

Was fressen Bienen?

Bienen ernähren sich von süßem Pflanzensaft, dem Nektar, und von Blütenstaub, den man als Pollen bezeichnet. Außerdem nehmen sie Honigtau zu sich. So nennt man die zuckerhaltigen Ausscheidungen anderer Insekten.

Wie finden sie Nahrung?

Feine Sinnesorgane helfen den Bienen bei der Nahrungssuche. Mit ihren Antennen (Fühlern) können sie riechen, schmecken und tasten. Ihre großen Augen, die aus vielen Einzelaugen bestehen, sind auf die Farben Gelb und Blau spezialisiert. Die Farbe Rot können sie dagegen nicht erkennen.

Mit ihrem Saugrüssel kommt die Honigbiene auch an tief liegende Nektarquellen. ↘

Das Facettenauge einer Honigbiene besteht aus etwa 5.000 Einzelaugen.

Außerdem nehmen die Bienen auch ultraviolettes Licht wahr, das von der Sonne abgestrahlt wird und das wir Menschen nicht sehen können. So finden sie zielsicher die besten Landeplätze auf ihren Futterpflanzen.

Warum summen Bienen?

Das summende Geräusch entsteht, wenn die Bienen ihre Flügel bewegen. Beim langsamen Flug von Blüte zu Blüte klingt das Summen tief und gleichmäßig. Schlägt eine Biene schnell mit den Flügeln, ist der Summton höher und durchdringender.

Wo Bienen gerne leben

Lavendel wächst
auch in Blumen-
kästen auf dem
Balkon.

Willkommene Gäste

Wir alle können etwas für die Bienen tun! Die fleißigen Blüten-
besucherinnen fühlen sich dort am wohlsten, wo sie vielfältige Nahrungspflanzen vorfinden. Wer einen Garten oder Balkon hat, sollte
möglichst verschiedene Pflanzen säen, die vom Frühjahr bis in den
Herbst hinein blühen.

Auch ohne eigenen Garten kannst du dich für eine bienenfreund-
liche Umwelt einsetzen – beispielsweise im Schulgarten, beim Sport-
verein oder auf dem Balkon deiner Großeltern.

Der Bienengarten

Naturbelassene Gärten und Randstreifen mit wild wachsenden Pflanzen sind ein Paradies für Bienen. Hier finden sie vielseitige Nahrung und Nistmöglichkeiten.

Wo heimische Blumen und Wildkräuter wachsen, fühlen Bienen sich besonders wohl. Und auch wer den Rasen seltener mäht, tut den wild lebenden Insekten etwas Gutes. Im hohen Gras finden sie leichter Unterschlupf, und sie besuchen gern kleine Pflanzen wie den Klee, wenn diese nicht schon vor der Blüte abgeschnitten werden.

Pflanzenschutzmittel – nein danke!

Bitte deine Eltern und andere Erwachsene, keine Spritzmittel einzusetzen. Viele dieser Mittel schaden den Bienen. Stattdessen könnt ihr am Wochenende auch mal gemeinsam Unkraut jäten und Schädlinge absammeln – die Bienen werden es euch danken!

Welche Blumen mögen Bienen?

Viele Zierpflanzen wie Stiefmütterchen oder Geranien blühen zwar schön, bieten den Bienen aber kaum Nahrung. Als Bienenweide sind Bartblumen, Erika, Sonnenblumen oder auch Kräuter wie Lavendel, Thymian und Zitronenmelisse viel besser geeignet.

Blühender Schnittlauch ist bei Bienen ebenfalls beliebt.

Westliche Honigbiene

Größe
- Arbeiterinnen: 11 – 14 mm
- Drohnen: 13 – 16 mm
- Königin: 15 – 20 mm

Merkmale
- Arbeiterinnen (Weibchen): brauner Körper mit gelblich behaarter Brust, Hinterleib dunkelbraun-gelb geringelt
- Drohnen (Männchen): meist einfarbig braun oder schwarz mit auffallend großen Augen
- Königin: gelblich behaarte Brust, sehr langer, gelbbraun gestreifter Hinterleib

Lebensraum
Waldränder, Gärten, Parks

Nest
Waben aus Wachs, die für die Aufzucht des Nachwuchses und für Vorräte im Bienenstock angelegt werden

Nahrung
Verschiedene Pflanzen

Lebensweise
In Staaten aus bis zu 80.000 Tieren (eusozial)

Beobachtungszeit
März – Oktober

↖ Arbeiterin mit gefüllten Pollenkörbchen

Fleißige Sammlerinnen

Bei den Honigbienen sind die Arbeiterinnen für das Sammeln der Blütenpollen zuständig. Dafür tragen sie kleine Körbchen an den Hinterbeinen. Das sind von Borsten begrenzte Flächen, an denen die Pollen hängen bleiben.

Bienen als Nutztiere

Honigbienen sind bei uns keine Wildtiere mehr, sondern werden von Imkern betreut. Das sind Fachleute für die Zucht und Haltung von Bienen. Viele Menschen betreiben die Imkerei als Hobby.
Auch Schüler können schon Imker werden. Mehr dazu ab Seite 54.

Bienenkönigin inmitten von Arbeiterinnen ↘

Drohnen erkennt man an den großen Facettenaugen.

STECKBRIEF
Gartenhummel

Größe
- Arbeiterinnen: 11 – 16 mm
- Drohnen: 13 – 15 mm
- Königin: 18 – 26 mm

Merkmale
- Pelzig behaarter Körper
- Jeweils ein gelber Querstreifen an der Vorder- und Hinterseite der Brust sowie an der Vorderseite des Hinterleibs, ansonsten überwiegend schwarz mit weißem Hinterteil
- Länglicher Kopf und langer Saugrüssel

Lebensraum
Waldränder, Gärten, Parks

Nest
Brutzellen aus Wachs in Erdhöhlen, verlassenen Nestern von Säugetieren oder Mauerhöhlen

Nahrung
Verschiedene Pflanzen

Lebensweise
In Staaten aus bis zu 120 Tieren (eusozial)

Beobachtungszeit
März – August

Können Hummeln stechen?

Wie bei allen Bienen können auch bei den Hummeln nur die weiblichen Tiere stechen, die männlichen haben keinen Stachel. Hummeln sind friedliche Tiere und wehren sich nur selten, etwa wenn ihr Nest angegriffen wird.

Gibt es Hummelhonig?

Aus Blütennektar können auch die Hummeln Honig herstellen – allerdings nur in sehr geringen Mengen. Da Hummelvölker im Gegensatz zu Honigbienenvölkern nicht überwintern, müssen sie keine großen Vorräte anlegen. Deshalb gibt es für uns Menschen keinen Hummelhonig.

Helfer der Landwirte

Hummeln spielen bei der Bestäubung von Pflanzen eine wichtige Rolle. Sie vertragen kühles Wetter besser als die meisten anderen Bienen und sind deshalb schon zeitig im Frühjahr unterwegs. Weil sie sehr fleißig sind und auch große Blüten besuchen, werden Hummeln oft in Gewächshäusern zur Bestäubung von Nutzpflanzen eingesetzt.

Gartenhummel

Gehörnte Mauerbiene

Größe
12 – 16 mm

Merkmale
- Weibchen: pelzige Biene; Kopf und Brust schwarz; Hinterleib rostrot behaart; 2 kleine, vorstehende Hörner am Kopf
- Männchen: ähnlich wie Weibchen, aber mit langen, weißen Haaren im Gesicht und an der Unterseite des Kopfes

Lebensraum
Menschliche Siedlungen, Gärten, Parks, Flussufer

Nest
Brutzellen aus Erde oder Lehm in Felsritzen und anderen vorhandenen Hohlräumen

Nahrung
Verschiedene Pflanzen

Lebensweise
Einzeln (solitär)

Beobachtungszeit
März – Juni

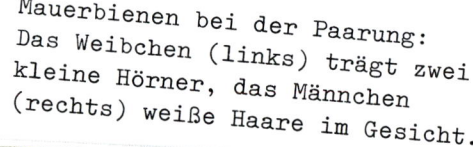

Mauerbienen bei der Paarung: Das Weibchen (links) trägt zwei kleine Hörner, das Männchen (rechts) weiße Haare im Gesicht.

STECKBRIEF
Garten-Wollbiene

Größe
- Weibchen: 11 – 13 mm
- Männchen: 13 – 18 mm

Merkmale
- Weibchen: Kopf und Brust bräunlich behaart; Beine teils gelb, teils rostrot; Hinterleib gelb-schwarz gestreift
- Männchen: ähnlich wie Weibchen, aber Hinterleib mit 5 Dornen am Ende; Hinterleib oft nur gelb gepunktet

Lebensraum
Waldränder, Gärten, Parks

Nest
Brutzellen aus wolligen Pflanzenteilen in Erdlöchern und Mauerfugen

Nahrung
Verschiedene Pflanzen

Lebensweise
Einzeln (solitär)

Beobachtungszeit
Juni – September

Garten-Wollbiene

STECKBRIEF
Zaunrüben-Sandbiene

Größe
11 – 12 mm

Merkmale
- Längliche Biene mit bräunlich behaarter Brust
- Körper und Beine schwarz
- Vorderer Bereich des Hinterleibs oft rötlich
- Männchen und Weibchen sehr ähnlich

Lebensraum
Waldränder, Hecken und Gärten mit Zaunrüben

Nest
Brutzellen in selbst gegrabenen, oft verzweigten Nistgängen im Boden

Nahrung
Zaunrübe (krautige Kletterpflanze)

Lebensweise
Einzeln (solitär)

Beobachtungszeit
Mai – August

Zaunrüben-Sandbiene
↙

STECKBRIEF
Gemeine Trauerbiene

Größe
12 – 17 mm

Merkmale
- Kopf und Brust bräunlich behaart
- Spitz zulaufender, dunkler Hinterleib mit hellen Flecken an den Seiten
- Männchen und Weibchen sehr ähnlich

Lebensraum
Sand- und Kiesgruben, Flussufer, Lehmwände

Nest
Die Gemeine Trauerbiene zählt zu den Kuckucksbienen, die ihre Eier in die Nester anderer Bienen legen. Sie nutzt dafür die Brutzellen der Gemeinen Pelzbiene, einer dicht behaarten Bienenart. Nach dem Schlüpfen frisst die Larve der Trauerbiene die heranwachsende Pelzbiene und ihren Nahrungsvorrat auf.

Die Gemeine Trauerbiene legt ihre Eier in die Nester anderer Bienen.

Nahrung
Verschiedene Pflanzen

Lebensweise
Einzeln (solitär)

Beobachtungszeit
April – Juni

Von Blüte zu Blüte

Ein guter Tausch

Wenn eine Biene mit ihrem Saugrüssel Blütennahrung aufnimmt, bleibt an ihrem Körper Blütenstaub (Pollen) hängen. Fliegt sie anschließend zur nächsten Blüte, streift sie den Pollen dort wieder ab.

Dieser Vorgang nutzt den Bienen und den Pflanzen: Die Bienen erhalten Nahrung für sich und ihre Larven. Die Pflanzen brauchen ihrerseits die Hilfe der Bienen, um sich zu vermehren. Aber wie geht das?

Die Pflanzen-Bestäubung

Der Pollen enthält die männlichen Geschlechtszellen der Pflanze. Wenn die Bienen diese Zellen zu den weiblichen Organen anderer Blüten befördern, bestäuben sie diese.

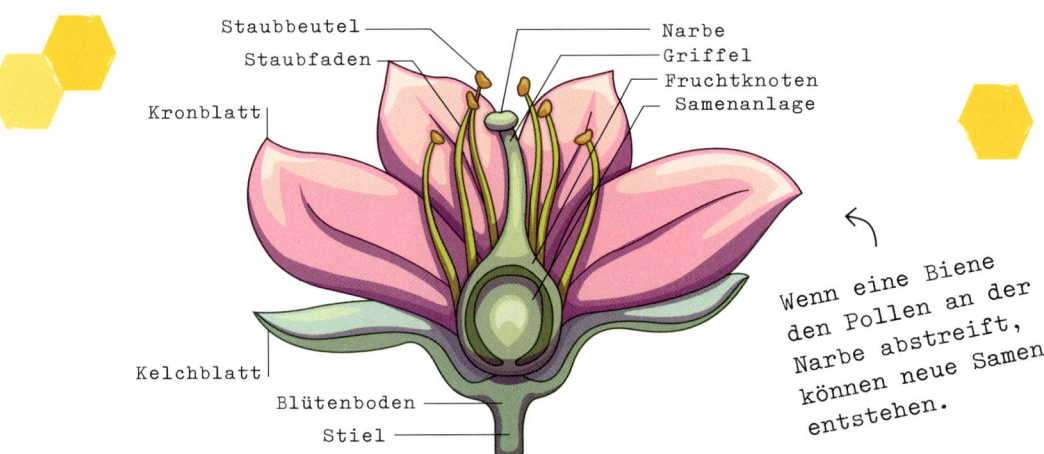

Staubbeutel

Staubfaden

Kronblatt

Narbe

Griffel

Fruchtknoten

Samenanlage

Kelchblatt

Blütenboden

Stiel

Wenn eine Biene den Pollen an der Narbe abstreift, können neue Samen entstehen.

Die Befruchtung

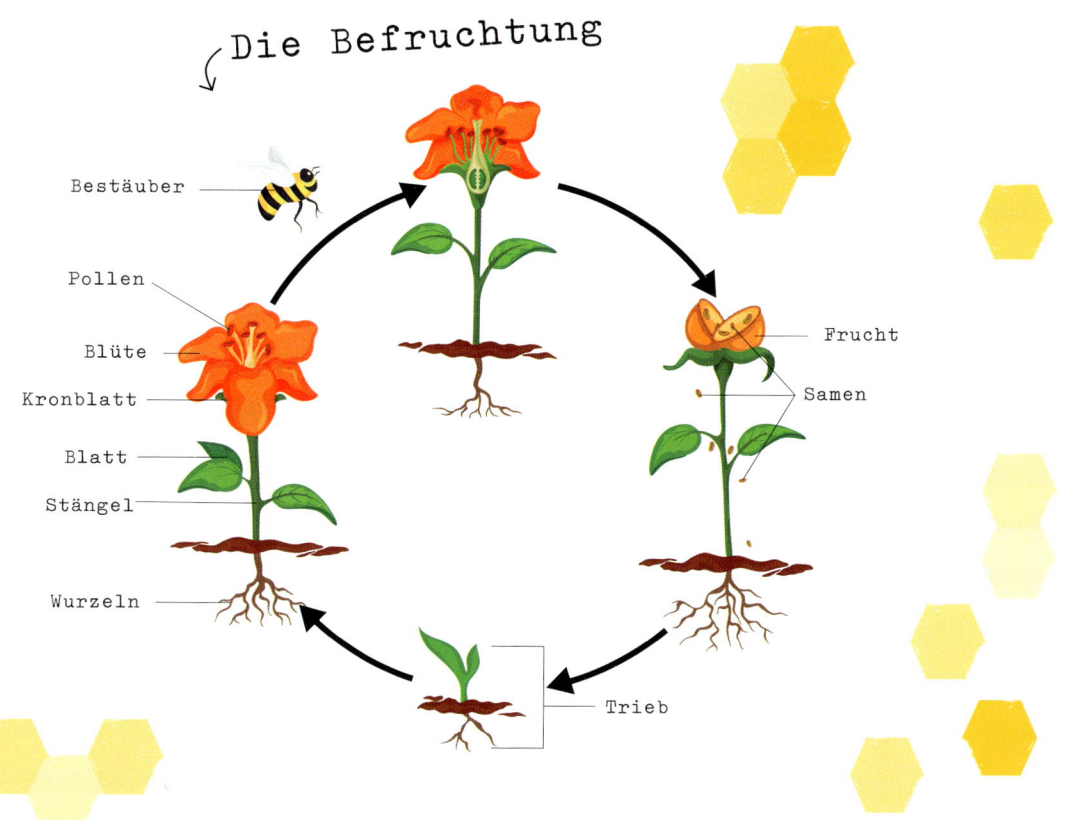

Bestäuber

Pollen

Blüte

Kronblatt

Blatt

Stängel

Wurzeln

Frucht

Samen

Trieb

Nun können die weiblichen und die männlichen Zellen der Pflanze verschmelzen. Gemeinsam bilden sie Samen, aus denen später neue Pflanzen heranwachsen.

Farben und Düfte

Viele Pflanzen sind auf diese Art der Bestäubung angewiesen. Sie locken die Bienen mit ihren bunten, duftenden Blüten an, damit die Insekten ihnen bei der Fortpflanzung helfen.

Ohne Bienen keine Pflanzen?

Nacktsamer und Bedecktsamer

Nicht alle Pflanzen müssen von Insekten bestäubt werden. Liegen die Samenanlagen nicht in einem Fruchtknoten, so kann der Wind die Bestäubung übernehmen. Solche Pflanzen bezeichnet man als Nacktsamer.

Bei anderen Pflanzen, den sogenannten Bedecktsamern, sind die Samenanlagen von einem Fruchtknoten umschlossen. Solche Pflanzen können sich nur mithilfe von Insekten vermehren. Zu ihnen zählen beispielsweise Apfel-, Birnen- und Kirschbäume. Ohne die Bienen und ihre Verwandten können sie keine Früchte tragen.

Sind die Bienen zu ersetzen?

In einigen Gegenden haben die Menschen schon versucht, die Arbeit der Insekten zu übernehmen und den Pollen mit Pinseln von einer Blüte zur nächsten zu befördern. Aber das klappt längst nicht so gut wie die Bestäubung durch Bienen.

Können vielleicht ferngesteuerte Drohnen, die von Pflanze zu Pflanze fliegen, die Bestäubung übernehmen? Erste Testflüge fanden bereits statt. Wer weiß, ob solche Drohnen eines Tages die Bienen ersetzen können?

Bestäuben einer Tomatenpflanze mit dem Pinsel

Pollen

Lebenswichtiger Pollen

Die Pollenkörner der einzelnen Pflanzen sehen ganz unterschiedlich aus. Weil sie jede Menge Eiweiß und Vitamine enthalten, eignen sie sich bestens als Nahrung für die Bienenlarven.

Umweltschutz ist Bienenschutz

Bienen in Gefahr

Viele Umstände tragen dazu bei, dass die Bienen bei uns immer seltener werden. Asphaltierte Flächen und kurz gemähte Wiesen bieten ihnen kaum noch Nistmöglichkeiten und nur einseitige Nahrung.

Eine wichtige Rolle spielen auch Spritzmittel, die Pflanzen vor Schädlingen schützen sollen, gleichzeitig aber die Bienen für Krankheiten anfällig machen.

Feldgehölze wie dieses bieten vielen Wildtieren ein Zuhause – aber wo gibt es sie noch?

Bienenfreundliche Landwirtschaft

Landwirte und Gartenbesitzer, die auf künstliche Pflanzenschutz-mittel verzichten und an den Rändern der genutzten Flächen Hecken und Sträucher stehen lassen, helfen den Bienen beim Über-leben.

Umweltschonend essen

Jeder von uns kann den Bienen etwas Gutes tun, indem er Obst und Gemüse beim Biobauern kauft. Am besten isst du solche Sorten, die in deiner Gegend gerade reif sind. Früchte aus beheizten Gewächs-häusern belasten die Umwelt unnötig – genauso wie exotische Früchte, die über weite Strecken befördert werden.

Auch wer öfter einmal auf Fleisch und Wurst verzichtet, handelt bie-nenfreundlich. Nutztiere wie Kühe, Schweine und Hühner brauchen nämlich sehr viel Futter. Für den Anbau der Tiernahrung werden oft natürliche Landstriche zerstört, die den Bienen und anderen Wild-tieren dann fehlen.

Die Hosenbiene ist in einigen Gegenden schon selten geworden.

Spüren die Bienen den Klimawandel?

Auch die Luftverschmutzung und der Klimawandel setzen den Bienen zu. Schadstoffe aus unseren Fahrzeugen, Fabriken und Kraftwerken verunreinigen die Luft und führen dazu, dass es auf der Erde immer wärmer wird.

Die Folgen sind Hitzewellen und Dürren, aber auch Stürme und Überschwemmungen. Die empfindlichen Bienen leiden besonders unter dem Klimawandel. Auf der wärmer werdenden Erde gerät nämlich die feine Abstimmung zwischen den Bienen und ihren Futterpflanzen aus dem Gleichgewicht. Nach milden Wintern kommen die Bienen oft schon aus ihren Winterquartieren, wenn ihre Nahrungspflanzen noch gar nicht blühen. Umgekehrt kommt es auch vor, dass die Pflanzen schon verblüht sind, wenn die Bienen aktiv werden. In beiden Fällen fehlt den Bienen eine wichtige Nahrungsquelle und den Pflanzen die Bestäubung.

Im zeitigen Frühjahr blühen nur wenige Blumen wie diese Schneeglöckchen. Wildbienen, die auf bestimmte Pflanzen spezialisiert sind, gehen leer aus.

Wer das Auto öfter einmal stehen lässt, schont die Natur und hilft den Bienen.

Vom Aussterben bedroht!

Mehr als die Hälfte der rund 500 Wildbienenarten in Deutschland ist vom Aussterben bedroht. Etwa 40 Arten sind bei uns in den vergangenen Jahrzehnten bereits völlig verschwunden. Höchste Zeit, dass wir uns für die Wildbienen einsetzen!

Was Bienenfreunde tun können

Weil bei Reisen mit dem Auto und dem Flugzeug viele schädliche Stoffe in die Luft gelangen, solltest du so oft wie möglich mit dem Fahrrad oder mit Bus und Bahn fahren. Auch wenn du Wasser und Strom sparst, entlastest du die Umwelt und tust somit den Bienen etwas Gutes.

Traumhaus für Bienen

Kuschelige Kinderstube

In ihrer natürlichen Umgebung finden Wildbienen leider immer weniger Nistmöglichkeiten. Gut, dass wir ihnen mit Bienenhäusern helfen können!

Es gibt viele verschiedene Nisthilfen für Bienen. Das hier beschriebene Bienenhaus eignet sich für Bienen, die ihre Eier in Hohlräumen ablegen, wie etwa die Gemeine Löcherbiene oder die Gehörnte Mauerbiene. Mithilfe eines Erwachsenen kannst du es ganz einfach selbst bauen.

Ihr braucht:

- kleine Holzkiste, etwa 20 cm hoch
- Schrauben, Dübel
- Bohrmaschine
- hohle Schilfhalme oder Naturstrohhalme (z.B. Roggen) mit einem Durchmesser von 2 – 9 mm
- scharfe Schere oder Teppichmesser
- feines Schmirgelpapier

So geht's:

1. Wähle für das Bienenhaus einen sonnigen, überdachten Ort in der Nähe von Futterpflanzen. Bitte einen Erwachsenen, die Kiste mit der Öffnung nach vorne an der Wand festzuschrauben.

2. Kürze die Halme auf eine Länge von etwa 15 cm. Achtung, Bienen sind sehr empfindlich und nutzen die Halme nicht, wenn diese beim Abschneiden zusammengedrückt wurden oder ausgefranst sind! Am besten glättest du die Halmenden nach dem Kürzen ganz vorsichtig mit Schmirgelpapier.

3. Stecke die Halme in die Kiste, sodass sie hinten anstoßen. Das ist wichtig, da die Bienen nur dunkle Hohlräume nutzen. Die glatten Öffnungen müssen nach vorne zeigen. Packe die Kiste so voll, dass die Halme nicht herausfallen können. Nun können die Wildbienen die hohlen Stängel zum Nisten nutzen.

Vielfältige Nisthilfen

Diese Nisthilfen nehmen andere Bienenarten gerne an:

- Altes Holz, das auf dem Boden liegen bleibt
- Senkrecht aufgehängte, markhaltige Stängel (z.B. Brombeerzweige)
- Hölzer und Steine mit glatten Löchern

Kleine Kraftpakete

Im Dienst des Volkes

Honigbienen sind ganz besondere Insekten, die sich ihr Leben lang für das Wohl ihres Volkes einsetzen. Von Natur aus sind sie mit allem ausgestattet, was sie für ihre vielfältigen Aufgaben brauchen.

Vom Nektar zum Honig

Wenn eine Arbeiterin auf Nahrungssuche über eine Blumenwiese fliegt, saugt sie mit ihrem Rüssel Nektar aus den Blüten. Über die Speiseröhre gelangt der Nektar zunächst in die Honigblase.

Die Biene behält den Nektar aber nicht für sich. Im Bienenstock übergibt sie den Inhalt der Honigblase an eine andere Biene, wobei sie den Pflanzensaft mit Stoffen aus ihrem Körper vermischt.

Facettenauge · Brust · Honigblase · Flügel · Hinterleib · Stachel · Pollenkörbchen · Hinterbein · Mittelbein · Vorderbein · Mundwerkzeug · Antennen

Diesen Austausch wiederholen die Bienen noch einige Male. Dadurch verwandeln sie den Nektar allmählich in den wohlschmeckenden und haltbaren Honig, den sie als Larvenfutter und als Nahrungsvorrat verwenden.

Nahrung für den Nachwuchs

Beim Nektarsammeln nimmt die Biene auch Blütenstaub mit, den sogenannten Pollen. Er bleibt an ihrem behaarten Körper hängen. Die Biene streift die Pollenkörner mit den Beinen aus ihrem Pelz und verstaut sie in den sogenannten Körbchen an ihren Hinterbeinen. Dort halten Borsten den Pollen fest, sodass die Biene ihn nach Hause befördern kann. Auch der Pollen dient als Nahrung für die Larven.

Tödlicher Stich

Eine Biene setzt ihren Stachel nur im Notfall ein, etwa wenn ein Mensch auf sie tritt. Sticht sie ein Wirbeltier, so bleibt der Stachel im Opfer hängen, und die Biene stirbt. Wenn sie sich mit dem Stachel gegen andere Insekten verteidigt, kann sie dagegen mehrmals zustechen, ohne dass es ihr schadet.

Hier sind die Pollenkörbchen an den Hinterbeinen gut zu erkennen.

Der Bienenstock

Das Zuhause der Honigbienen

Honigbienen fliegen zwar frei herum, kehren aber immer wieder in ihr Zuhause zurück. Dabei handelt es sich um eine Holzkiste mit Deckel und Fluglöchern am unteren Rand. Ein Imker stellt den Bienen diese sogenannte Beute zur Verfügung. Die Beute mit ihren Bewohnern bezeichnet man als Bienenstock.

Dicht gepackte Waben

Der Imker steckt kleine Holzrahmen mit Wachsplatten in die Beute. Auf diesen Platten legen die Bienen Waben aus kleinen sechseckigen Zellen an. Die Waben bestehen aus Wachs, das die Bienen in ihren Körpern herstellen. Manche Wachszellen dienen als Brutzellen, in denen neue Bienen heranwachsen. Je nach Größe der Zelle kann sich darin eine Königin, eine Arbeiterin oder ein Drohn entwickeln. Andere Zellen werden als Vorratslager verwendet.

Die Waben aus sechseckigen Zellen bieten Platz für die Brut und für Vorräte.

Wohlige Wärme

Im Brutbereich des Bienenstocks ist es immer warm mit Temperaturen zwischen 33 und 36 °C. Wenn es zu kühl wird, heizen die Bienen die Luft durch schnelle Zitterbewegungen auf. Umgekehrt sind sie auch in der Lage, heiße Luft aus dem Stock zu befördern, indem sie vor dem Eingang rasch mit den Flügeln schlagen. So sorgen sie dafür, dass es rund um den Nachwuchs immer gleichmäßig warm bleibt.

Königliche Zelle

Die Bienenkönigin wächst in einer besonderen Zelle heran, der sogenannten Weiselzelle. Sie ist deutlich größer als die übrigen Zellen.

Bienen mögen es dunkel. Deshalb hat die Beute keine Fenster. ↘

Die Weiselzelle ist um ein Vielfaches größer als die anderen Brutzellen. ↗

Wie leben die Honigbienen?

Das Bienenvolk

Ein Bienenvolk besteht aus drei verschiedenen Arten von Mitgliedern: einer Königin, sehr vielen weiblichen Arbeiterinnen und den männlichen Drohnen. Jede Biene des Volkes weiß genau, was sie wann zu tun hat.

Die königin

Die Aufgabe der Bienenkönigin besteht ausschließlich darin, Eier zu legen. Da sie als Einzige im Bienenstock dazu imstande ist, muss sie sehr fleißig sein.

Nachdem die Bienenkönigin sich im Frühjahr beim sogenannten Hochzeitsflug mit männlichen Bienen (Drohnen) gepaart hat, verbringt sie den Rest des Jahres im Bienenstock. In der warmen Jahreszeit legt sie bis zu 1.500 Eier am Tag.

Die Bienenkönigin wird von den Arbeiterinnen gefüttert.

Im Sommer wächst das Bienenvolk rasch an.

Wie groß ist ein Bienenvolk?

Im Sommer, wenn ständig neuer Nachwuchs schlüpft, kann ein Bienenvolk auf bis zu 80.000 Tiere anwachsen. Zum Herbst hin legt die Königin immer weniger Eier, sodass das Wintervolk schließlich aus etwa 8.000 Bienen besteht.

Im Winter stellt sie das Eierlegen ein, weil die jungen Bienen bei Eis und Schnee keine Nahrung finden würden.

Da das Eierlegen viel Kraft kostet, kümmert sich ein ganzer Hofstaat von Arbeiterinnen um die Königin. Die Bienen putzen und füttern sie, sodass die Königin mit voller Kraft Eier legen kann.

Eine Bienenkönigin überwintert mehrmals und wird drei bis fünf Jahre alt.

Der Drohn (rechts) lässt sich von der Geschäftigkeit der Arbeiterinnen nicht anstecken.

Die Drohnen

Die männlichen Drohnen haben bei den Honigbienen nur eine Aufgabe: Sie paaren sich mit einer Bienenkönigin, sodass diese befruchtete Eier legen kann.

Im Frühjahr und Sommer fliegen die Drohnen immer wieder zu Sammelplätzen, um dort Königinnen aus anderen Völkern zu treffen und zu befruchten. So ist sichergestellt, dass sich das Erbgut vermischt und die Bienenvölker gesund bleiben.

Drohnen leben etwa von Mai bis August. Ihre Lebensdauer beträgt wenige Wochen bis höchstens vier Monate. Da sie keinen Nektar saugen können, werden sie von weiblichen Arbeiterinnen gefüttert.

Winterbiene oder Sommerbiene?

Mit Ausnahme der Königin entwickeln sich alle weiblichen Honigbienen zu Arbeiterinnen. Welche Aufgaben sie haben und wie alt sie werden, hängt vom Schlüpfzeitpunkt ab.

Winterbienen schlüpfen im Spätsommer und verbringen den Winter im Bienenstock, wo sie die Königin versorgen und wärmen. Nachdem sie sich im Frühjahr um die erste Brut gekümmert haben, sterben sie. Eine Winterbiene lebt etwa 200 Tage lang.

Sommerbienen haben dagegen nur eine Lebensdauer von ungefähr 35 Tagen. Nachdem sie im Frühjahr oder Sommer geschlüpft sind, übernehmen sie viele Aufgaben.

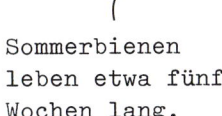
Sommerbienen leben etwa fünf Wochen lang.

Was die Arbeiterinnen alles leisten

Im Lauf ihres Lebens ist jede Sommerbiene für verschiedene Tätigkeiten zuständig. Leistungsstarke Drüsen in ihrem Körper steuern, wann sie welche Aufgaben ausführt.

Als **Stockbiene** verbringt die Arbeiterin den ersten und zweiten Tag nach dem Schlüpfen mit dem Putzen der Zellen.

Vom dritten bis zum 14. Tag wird sie zur **Ammenbiene**. Ihre Futtersaftdrüsen entwickeln sich allmählich, sodass sie zunächst gewöhnliche Larven mit Honig und Pollen füttern kann. Später versorgt sie auch Königinlarven sowie die Königin und die Flugbienen mit Futtersaft.

Anschließend arbeitet sie als **Baubiene**, wobei sie mit ihren Wachsdrüsen Wachs herstellt und Waben daraus bildet.

Die Aufzucht der Larven gehört zu den wichtigsten Aufgaben der Arbeiterinnen.

Mit Wachsdrüsen sondern die Arbeiterinnen den Baustoff für die Waben ab.

Es schließt sich eine Zeit als **Wächterbiene** an. Die nun entwickelte Giftblase versetzt die Arbeiterin in die Lage, den Stockeingang zu bewachen und Eindringlinge abzuwehren.

Die Futtersaftdrüsen haben sich nun so umgewandelt, dass die Arbeiterin aus dem frisch gesammelten Nektar Honig herstellen kann. Als **Nektarabnehmerin** verarbeitet sie den Blütensaft, den ihre Schwestern nach Hause bringen.

Etwa ab dem 21. Tag arbeitet die Biene als **Sammelbiene (Flugbiene)**. Sie fliegt nun herum und sammelt Nektar, Honigtau, Pollen, Wasser und Propolis. Das ist ein harzähnlicher Stoff, den die Bienen zum Bauen verwenden.

Um den 35. Lebenstag herum stirbt die Biene nach einem vielseitigen und arbeitsreichen Leben.

Vom Ei zur Biene

Die Mutter vieler Bienen

Nachdem sich die Bienenkönigin mit mehreren Drohnen gepaart hat, legt sie jeweils ein Ei in die Brutzellen des Bienenstocks.

Schnelles Wachstum: die Larve

Nach drei Tagen schlüpft aus dem Ei eine kleine, weiße Larve. Sie wird von den Arbeiterinnen gefüttert und wächst sehr schnell. Sieben Tage nach dem Schlüpfen verschließen die Arbeiterinnen die Zelle mit Wachs.

Zeit der Verwandlung: die Puppe

Nun verpuppt sich die Larve und wächst zur fertigen Biene heran. Nach dieser Verwandlung, die man Metamorphose nennt, nagt sie sich durch den Wachsdeckel und schlüpft aus der Zelle.

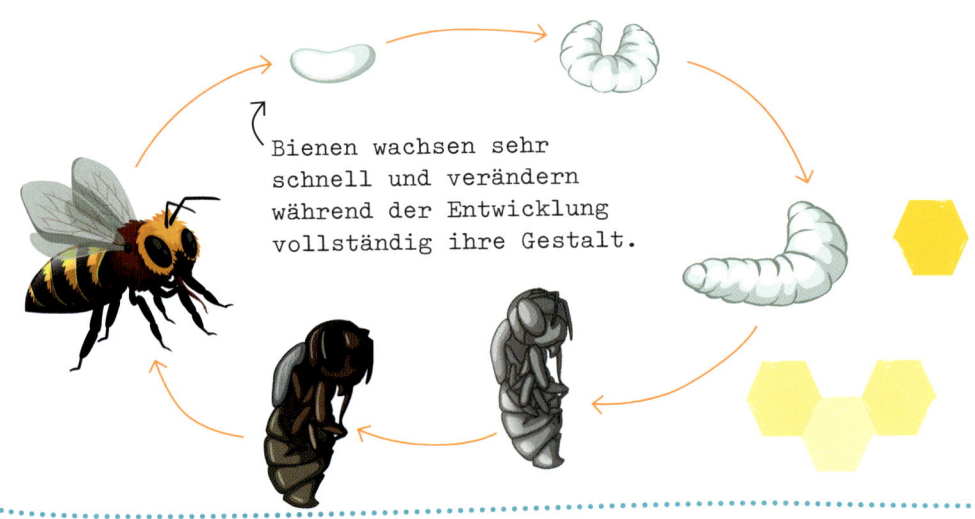

Bienen wachsen sehr schnell und verändern während der Entwicklung vollständig ihre Gestalt.

Was ist eine Insektenpuppe?

Im Puppenstadium reifen Insekten zu erwachsenen Tieren heran. Die Honigbienen umgeben sich dafür mit schützenden Hüllen, den sogenannten Kokons.

Eine fertig entwickelte Biene schlüpft aus ihrer Brutzelle.

Wann eine Biene schlüpft, hängt von ihrem Geschlecht und ihrer Bestimmung ab. Eine Königin verlässt ihre Zelle 16 Tage nach der Eiablage, eine Arbeiterin nach 21 Tagen und ein Drohn nach 24 Tagen.

Königin, Arbeiterin oder Drohn?

Aus befruchteten Eiern entwickeln sich weibliche Bienen, während aus unbefruchteten Eiern männliche Bienen entstehen. Ob eine weibliche Biene zur Arbeiterin oder zur Königin heranwächst, hängt von der Fütterung und Versorgung im Lauf ihrer Entwicklung ab.

Das Ei, in dem eine neue Bienenkönigin heranwächst, unterscheidet sich am Anfang der Entwicklung nicht von anderen befruchteten Eiern. Die alte Königin legt es in eine Weiselzelle (siehe Seite 35), wo die Ammenbienen die werdende neue Königin ausschließlich mit Gelée royale füttern. Das ist ein sehr nahrhafter Futtersaft, den die Bienen mithilfe besonderer Drüsen herstellen. Die heranwachsenden Arbeiterinnen werden im Gegensatz zur neuen Königin nur anfangs mit Futtersaft und später mit Honig und Pollen versorgt.

Die Sprache der Bienen

Honigbienen verständigen sich nicht mit Lauten, sondern mithilfe von Duftstoffen und Bewegungen.

Die Duftsprache

Mit besonderen Duftstoffen, den sogenannten Pheromonen, sorgt die Königin für das reibungslose Zusammenleben ihres Volkes. Die Duftabsonderungen der Königin bewirken unter anderem, dass die Arbeiterinnen all ihre Aufgaben ausführen. Beim Hochzeitsflug im Frühjahr verströmt die Königin außerdem gezielt Gerüche, um paarungsbereite Drohnen anzulocken.

Geheimnis der Drohnen

Wie finden die Drohnen im Frühjahr nur zu ihren Sammelplätzen? Obwohl keine einzige männliche Honigbiene überwintert, treffen sich die jungen Drohnen meist genau an denselben Orten wie ihre Vorfahren. Vielleicht richten die Drohnen sich dabei am Magnetfeld der Erde aus. Man weiß es nicht! Diese beeindruckende Leistung der männlichen Bienen gibt den Forschern Rätsel auf.

Wo geht's lang?

Bienen erkennen auch durch eine Wolkendecke hindurch, wo die Sonne am Himmel steht. Das hilft ihnen bei der Orientierung. Wenn sie sich immer in einem bestimmten Winkel zur Sonne bewegen, fliegen sie genau geradeaus.

Bienen orientieren sich beim Fliegen an der Sonne und an ihren Artgenossen.

Die Arbeiterinnen können ebenfalls Düfte absondern. So rufen sie beispielsweise Verstärkung herbei, wenn der Stock in Gefahr ist. Auch wichtige Orte wie der Stockeingang oder besonders reichhaltige Blütenpflanzen werden mit Duftstoffen gekennzeichnet.

Ihr feines Gespür für Gerüche hilft den Bienen auch bei der Abwehr von Fremden. Duftmerkmale verraten den Wächterinnen am Stockeingang sofort, ob eine Biene zu ihrem Staat gehört oder nicht. Stammt die Biene aus einem anderen Volk, so wird sie abgewiesen.

Beim Sterzeln stehen die Bienen vor dem Flugloch und setzen durch Auf- und Abbewegen ihres Hinterteils Duftstoffe frei.

Wegweiser nach Hause

Wenn ein Bienenvolk eine neue Heimat gefunden hat oder wenn junge Bienen ihre ersten Flüge unternehmen, kann man Arbeiterinnen immer wieder beim **Sterzeln** beobachten. Dabei stehen sie mit dem Kopf zum Eingang vor dem Bienenstock und setzen Duftstoffe frei, indem sie das Hinterteil auf- und abbewegen. Gleichzeitig schlagen sie mit den Flügeln, um den Geruch zu verbreiten. So verteilen sie die Duftspur, die den Flugbienen verrät, wo es nach Hause geht.

Die Tanzsprache

Mit bestimmten Bewegungsabläufen teilen Honigbienen ihren Schwestern mit, wo sich gute Futterpflanzen befinden oder wo sie eine neuen Behausung für den Schwarm entdeckt haben.

Beim sogenannten **Rundtanz** läuft die Arbeiterin im Bienenstock im Kreis – erst linksherum, dann rechtsherum. Das bedeutet so viel wie: „Ich habe ganz in der Nähe eine ergiebige Futterquelle entdeckt!" Die anderen Bienen verstehen das sofort und machen sich auf den Weg.

Bewegt sich die Biene dagegen in der Form einer Acht, so weist sie ihre Schwestern auf eine weiter entfernte Stelle hin, die sie aufsuchen sollen.
Zu diesem sogenannten **Schwänzeltanz** gehört auch das Wackeln mit dem Hinterteil, das man als Schwänzeln bezeichnet. Die Ausrichtung der Bewegung zur Sonne verrät den anderen Bienen, in welche Richtung sie fliegen müssen.

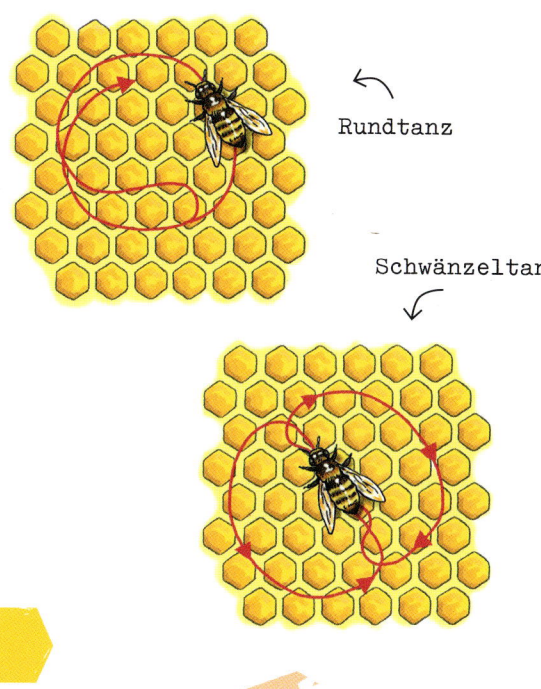

Rundtanz

Schwänzeltanz

Tanz im Dunklen

Da kaum Licht in den Bienenstock fällt, tanzen die Bienen im Dunklen. Die anderen Stockmitglieder verstehen anhand der feinen Schwingungen, die beim Tanz entstehen, wohin sie fliegen sollen. Eine unglaubliche Leistung!

Das Bienenjahr

Nun weißt du schon sehr viel über das Leben der Honigbienen. Aber wie verändert sich ein Bienenvolk eigentlich im Lauf der Jahreszeiten, und wo stecken Bienen im Winter?

Neues Leben im Frühling

Wenn die Frühlingssonne ihre wärmenden Strahlen auf die Erde schickt, beenden die Bienen ihre Winterruhe und fliegen aus. Jetzt finden sie genug Blütennahrung, um die ersten Jungbienen des Jahres aufzuziehen.
Während die Königin fleißig Eier legt, geht das Leben der Winterbienen zu Ende.

Oft schwärmt die alte Königin nun mit einem Teil des Volkes aus, um ein neues Zuhause zu suchen (siehe Seite 56/57).

Krokusse blühen schon früh im Jahr – Zeit für den ersten Flug des Jahres!

Turbulente Sommerzeit

Im Sommer herrscht im Bienenstock reges Treiben. Tausende von Arbeiterinnen versorgen den Nachwuchs, bringen Nahrung herbei und legen Vorräte an.

Rückzug im Herbst

Während die Königin im Herbst das Eierlegen einstellt, schlüpfen die Winterbienen, die ihr in der kalten Jahreszeit Gesellschaft leisten werden. Weil die Drohnen nun nicht mehr benötigt werden, müssen sie den Bienenstock verlassen und sterben. Das Bienenvolk schrumpft auf etwa 8.000 Tiere.

Zeit für die Winterruhe

Im Winter bilden die Bienen in der Beute eine sogenannte Wintertraube. Dabei scharen sich die Arbeiterinnen um die Königin und wärmen sie. Die Bienen bleiben den ganzen Winter lang in ihrem dunklen Zuhause und zehren von ihren Vorräten – bis es im Frühling wieder warm wird und der Kreislauf von Neuem beginnt.

Den Winter verbringen die Bienen dicht aneinandergedrängt im Bienenstock.

Krankheiten und Schädlinge

Natürliche Feinde

Zu den natürlichen Feinden der Bienen zählen unter anderem Vögel, Spinnen und Hornissen. Außerdem setzen verschiedene Schädlinge und Krankheiten den Honigbienen zu.

Varroamilben und andere Schmarotzer

Die kleinen **Varroamilben** siedeln sich auf Arbeiterinnen an und lassen sich von ihnen zu den Brutzellen bringen. Kurz bevor eine Brutzelle verschlossen wird, krabbelt die Milbe hinein. Hier legt sie mehrere Eier, aus denen bald neue Milben schlüpfen. Die winzigen Schmarotzer saugen an den Körpersäften von Larven und erwachsenen Bienen. Außerdem übertragen sie Viren, die verschiedene Bienenkrankheiten verursachen können.

Varroamilben schädigen sowohl ausgewachsene Bienen als auch ihre Brut.

Auch andere Schädlinge wie die **Bienenlaus** und der **Kleine Beuten-käfer** legen im Bienenstock ihre Eier ab und zehren von den Vorräten und von der Brut der Bienen.

Brutkrankheiten

Weitere Gefahren gehen von Pilzen, Bakterien und Viren aus, die vor allem die Brutzellen befallen und die Bienenvölker stark schädigen können. Während die Imker für das Erkennen und Behandeln von Krankheiten zuständig sind, können wir alle etwas für die Bienen tun. Ihre Widerstandskraft leidet nämlich vor allem unter den heutigen Lebensbedingungen. Jeder von uns kann die Bienen stärken, indem er sich für naturbelassene Bereiche einsetzt und in seinem Umfeld auf Pflanzenschutzmittel verzichtet.

Insektenvernichtungsmittel und Unkrautgifte haben im Garten nichts zu suchen.

Selbst gemachte Wachstücher

Schön und umweltfreundlich

Selbst gemachte Wachstücher sehen nicht nur toll aus, sondern entlasten auch die Umwelt. Mit diesen Tüchern kannst du Lebensmittel genauso aufbewahren wie mit Frischhalte- oder Alufolien. Im Gegensatz zu den Folien sind die Wachstücher abwaschbar, sodass du sie immer wieder verwenden kannst.

Bitte lass dir beim Umgang mit Käsereibe, Schere und Bügeleisen von einem Erwachsenen helfen.

Du brauchst:

- Baumwollstoff (Reste)
- Schere
- Backpapier
- Bienenwachs (Wachsplatten oder Stummel von Bienenwachskerzen)
- Käsereibe
- Bügeleisen
- Unterlage (Bügelbrett oder hitzefeste Arbeitsplatte)

Bienenwachsplatten gibt es in Drogeriemärkten und Bastelgeschäften.

Beim Schmelzen des Wachses muss ein Erwachsener helfen.

So geht's:

1. Schneide den Stoff auf die gewünschte Größe zu und lege ihn auf einen Bogen Backpapier.

2. Verteile das Wachs auf dem Stoff. Wenn du Kerzenreste verwendest, reibe die Stummel mit der Käsereibe in kleine Stücke und streue diese auf den Stoff.

3. Lege einen weiteren Bogen Backpapier auf das Wachs. Bitte einen Erwachsenen, mit dem heißen Bügeleisen vorsichtig darüberzubügeln, bis das Wachs schmilzt und sich gleichmäßig auf dem Stoff verteilt.

4. Warte nach dem Ausstecken des Bügeleisens, bis das Wachs abgekühlt ist. Jetzt kannst du das Backpapier abziehen. Fertig ist dein haltbares Wachstuch!

Nützliche Honigbienen

Bienenvölker mit Betreuung

Honigbienen kommen bei uns kaum noch als Wildtiere vor, weil sie in unseren unkrautfreien Gärten und auf den abgemähten Randstreifen keine Nistmöglichkeiten mehr finden. Imker und Imkerinnen kümmern sich um sie und geben ihnen ein Zuhause – so, wie die Landwirte in ihren Ställen Kühe und Hühner halten.

Wie die Bauernhoftiere liefern uns auch die Bienen wertvolle Nahrung, nämlich ihren köstlichen Honig. Außerdem bestäuben sie viele Pflanzen, deren Früchte wir essen.

Welche Aufgaben hat ein Imker?

Der Imker stellt seinen Bienenvölkern ein sicheres Zuhause zur Verfügung, die sogenannte Beute (siehe Seiten 34/35). Er hält sie sauber und überprüft regelmäßig, ob die Bienen gesund sind. Wenn nötig, entfernt er Schädlinge und behandelt Krankheiten.

Der Imker kümmert sich um seine Bienen wie ein Landwirt um die Kühe, Schweine und Hühner.

Wie wird man zum Imker?

Wer hauptberuflich Imker werden möchte, kann eine Berufsausbildung zum „Tierwirt mit Fachrichtung Imkerei" machen. Für Hobbyimker gibt es Lehrgänge, in denen sie vieles über Bienen und ihre Haltung lernen.

Bienen als Nutztiere

Zwei- bis dreimal im Jahr entnimmt der Imker den Honig, den die Bienen als Vorrat gesammelt haben. Stattdessen gibt er ihnen Zuckersirup, den die Bienen ebenfalls gerne mögen.

Die meisten Imker verkaufen ihren Honig. Manche stellen die Bienenvölker außerdem Obstbauern oder Saatgutherstellern zur Verfügung. Auch damit kann man Geld verdienen. Denn manche Betreiber großer Obstplantagen oder anderer Anbauflächen bezahlen dafür, dass die Bienen ihre Pflanzen bestäuben.

← Wenn du heimischen Honig kaufst, unterstützt du damit die Imker vor Ort.

Wie und wo kann man Bienen halten?

Die wichtigste Voraussetzung für die Bienenhaltung sind vielseitige Futterpflanzen. Oft stehen Bienenstöcke in Gärten oder an Waldrändern. Auch in Großstädten gibt es immer mehr Bienenvölker. In Parks und auf Balkons finden sie oft mehr Nahrung als auf landwirtschaftlich genutzten Flächen.

Bienenschwärme unterwegs

Wenn ein Bienenvolk im Frühsommer sehr stark anwächst, teilt es sich manchmal auf. Die alte Königin macht sich dann mit einem Teil des Volkes auf den Weg, um ein neues Zuhause zu suchen. Dieses Verhalten bezeichnet man als **Schwärmen**.

Meist fängt der Imker, dem die Bienen entflogen sind, den Schwarm schnell wieder ein. Für den Transport verwendet er eine besondere Schwarmkiste oder einen anderen Behälter, beispielsweise einen Karton.

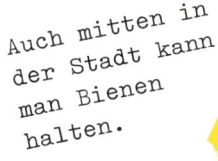

Auch mitten in der Stadt kann man Bienen halten.

Schwärmende Bienen bilden oft riesige Trauben.

Bienen in Schwarmstimmung

Erfahrene Imker erkennen rechtzeitig, wann ein Volk in Schwarmstimmung gerät. Zu den wichtigsten Anzeichen gehören Weiselzellen, in denen neue Bienenköniginnen heranwachsen. Klar: Wenn die alte Königin den Stock verlässt, muss für die zurückbleibenden Bienen rechtzeitig eine neue Königin zur Verfügung stehen.

Merkt ein Imker, dass sein Volk einen Schwarm bilden möchte, so kommt er den Bienen nach Möglichkeit zuvor. Er teilt das Volk, indem er die alte Königin mit einem Teil der Arbeiterinnen in eine neue Beute setzt. Schon hat er ein Bienenvolk mehr, und die Bienen sind auch wieder zufrieden.

Die Honigernte

Nachdem der Imker den Holzrahmen entnommen hat, streift er mit dem Abkehrbesen die Bienen ab.

So wird's gemacht!

Zum Schutz vor Stichen trägt der Imker bei seiner Arbeit meist besondere **Schutzkleidung**, einen Hut mit Schleier und oft auch Handschuhe.

Um den Honig zu ernten, hebelt der Imker mithilfe eines kleinen **Meißels** die Holzrahmen mit den Honigwaben aus der Beute. Innerhalb der Beute sorgt ein feinmaschiges Gitter dafür, dass die Königin nicht an die Honigwaben herankommt. So ist sichergestellt, dass die Honigwaben nicht mit Brutwaben vermischt sind.

Wenn der Imker einen Holzrahmen herausgenommen hat, entfernt er zunächst die Bienen von den Waben. Mit einem weichen, hellen **Abkehrbesen** streicht er sie vorsichtig herunter.

Nachdem er mit dem Mei-
ßel das Wachs abgeschabt
hat, stellt der Imker die
Holzrahmen mit den ge-
füllten Waben in eine
Honigschleuder. Durch
sehr schnelle Drehungen
wird der Honig aus den
Zellen geschleudert.

Anschließend entfernt der
Imker kleine Wabenstücke
und andere Fremdkörper,
indem er den Honig siebt
und oft auch filtert. Fertig
ist die Honigernte!

Wie entstehen unterschiedliche Honigsorten?

Ob ein Honig eher fest oder
flüssig ist, hängt einerseits
davon ab, welche Pflanzen die
Bienen vor der Honigernte be-
sucht haben. Andererseits kann
der Imker die Festigkeit des
Honigs auch durch Rühren nach
der Ernte beeinflussen. So-
genannter Sortenhonig ist nach
den Pflanzen benannt, deren
Pollen darin vorherrschen. So
gibt es beispielsweise Kasta-
nienhonig oder Tannenhonig. Die
Sorten unterscheiden sich in
der Farbe und im Geschmack.

Mit einem
kleinen
Meißel wird
das Wachs
von den
Waben
entfernt.

Sind Bienen gefährlich?

Honigbienen sind meist ganz friedliche Tiere. Wenn sich allerdings eine Biene in deinen Haaren verfängt oder in dein Hosenbein gerät, fühlt sie sich angegriffen und kann stechen.

Bienenstich – was tun?

Ein Bienenstich ist schmerzhaft, aber meist ungefährlich. Nur wer in den Mund oder Hals gestochen wird oder unter einer Allergie gegen Bienengift leidet, sollte sich sofort in ärztliche Behandlung begeben.

Nach dem Stich hängt die Giftblase der Biene noch am Stachel. Deshalb solltest du den Stachel rasch entfernen, sodass kein weiteres Bienengift in deinen Körper gelangen kann.

Eine Kühlkompresse wirkt nach einem Bienenstich schmerzlindernd und abschwellend. ↘

Der Smoker wird mit einem Handblasebalg betrieben.

Sobald der Stachel nicht mehr in der Haut steckt, kühlst du die Stelle um den Stich herum. Keine Sorge, es ist ganz normal, dass der Bereich wehtut und anschwillt! Nach einigen Tagen ist alles wieder in Ordnung.

Wie schützen sich eigentlich die Imker vor Bienenstichen?

Um ungestört arbeiten zu können, setzen viele von ihnen sogenannte **Smoker** ein. Das sind kleine Geräte, die Rauch verströmen. Der Rauch beunruhigt die Bienen, sodass sie sich vorübergehend in und auf die Waben zurückziehen.

Auch mit einem **Zerstäuber** kann man die Bienen kurzzeitig ruhigstellen. Ein feiner Wassernebel sorgt dafür, dass sie schwerer werden und kaum herumfliegen.

köstliche Honigrezepte

Apfel-Nuss-Salat mit Honig

Für 1 Portion brauchst du:
- 1 heimischen Apfel
- 4 – 5 heimische Walnüsse
- Messer, Schneidebrett
- Nussknacker
- 3 Esslöffel Bienenhonig

So geht's:

1. Wasche den Apfel und lass dir von einem Erwachsenen dabei helfen, ihn in kleine Würfel zu schneiden.

2. Knacke mithilfe des Erwachsenen die Nussschalen und teile die Nüsse in kleine Stücke.

3. Vermische die Apfel- und Nussstücke und gib den Honig dazu. Gut umrühren – und dann lass dir die gesunde Zwischenmahlzeit schmecken!

Honig-Zitronen-Limonade

Für 1 Portion brauchst du:

- 1 unbehandelte Zitrone
- Messer, Schneidebrett
- Saftpresse
- Wasser, Wasserkocher
- hitzebeständigen Krug
- 2 Esslöffel Bienenhonig
- Kochlöffel aus Holz

So geht's:

1. Schneide die Zitrone mithilfe eines Erwachsenen durch und presse sie aus.

2. Gib den Fruchtsaft und den Honig in den Krug.

3. Erhitze im Wasserkocher 200 ml Wasser.

4. Bitte den Erwachsenen, das nicht mehr kochende Wasser in den Krug zu gießen.

5. Rühre um, sodass sich der Honig löst. Anschließend abkühlen lassen oder heiß genießen.

Gesellige Wespen

Bunte Vielfalt

Beim Stichwort Wespe denkst du wahrscheinlich als Erstes an die schwarz-gelben Plagegeister, die sich im Sommer über dein Essen und deine Getränke hermachen. Aber wusstest du, dass es bei uns Hunderte von verschiedenen Wespenarten gibt? Viele davon sind klein und unscheinbar, andere groß und auffällig wie die Hornissen. Auch ihre Lebensweisen unterscheiden sich stark voneinander.

Lästig oder nützlich?

Auch wenn die Wespen keinen Pollen sammeln, bleibt beim Flug von Pflanze zu Pflanze oft Blütenstaub an ihnen hängen. Somit bestäuben auch sie verschiedene Pflanzen. Außerdem füttern einige Wespenarten ihren Nachwuchs mit anderen Insekten. Deshalb spielen Wespen eine wichtige Rolle bei der Bekämpfung von Schädlingen.

Auch Wespen mögen Nektar und können Blüten bestäuben.

Die meisten Wespenarten leben einzeln und bilden keine Staaten.

Unterschiedliche Lebensweisen

Wie bei den Bienen gibt es auch bei den Wespen eusoziale Arten, die Staaten bilden und ihren Nachwuchs in gemeinsamen Nestern aufziehen. Die meisten leben aber einzeln (solitär) und versorgen nur die eigene Brut.

Die bekanntesten Staaten bildenden Arten sind die Gemeine Wespe und die sehr ähnlich aussehende Deutsche Wespe. Auf den folgenden Seiten erfährst du mehr über sie und ihre große Verwandte, die Hornisse.

STECKBRIEF
Gemeine Wespe

Größe
- Arbeiterinnen: 11 – 14 mm
- Drohnen: 13 – 17 mm
- Königin: 15 – 20 mm

Merkmale
- Langer, schmaler Körper
- Kopf und Brust schwarz-gelb gemustert
- Hinterleib gelb mit schwarzen Streifen und Punkten
- Schmale „Taille" zwischen Brust und Hinterleib

Lebensraum
Gärten, Parks, menschliche Siedlungen

Nahrung
- Larven: von erwachsenen Wespen erbeutete und zerkaute Insekten
- Erwachsene Wespen: hauptsächlich Nektar, Pflanzensäfte und Früchte

Lebensweise
In Staaten aus bis zu 5.000 Tieren (eusozial)

Beobachtungszeit
April – Oktober. Nur befruchtete Jungköniginnen überwintern und bilden im Frühjahr einen neuen Staat.

Die Gemeine Wespe (links) und die Deutsche Wespe (rechts) haben unterschiedlich gemusterte Köpfe.

Das Wespennest

Gemeine Wespen bauen ihre Nester in der Erde, in Hohlräumen wie Baumhöhlen oder Rollladenkästen, auf Dachböden oder in vorhandenen Tierbauen. Ein Wespennest besteht aus sechseckigen Waben und ist von einer papierartigen Hülle aus Holzstoffen umgeben. Große Wespenvölker bauen manchmal Nester mit einem Umfang von bis zu zwei Metern.

Die sechseckigen Waben bestehen aus zerkautem Holz.

Deutsche oder Gemeine Wespe?

Diese beiden Wespenarten bauen nicht nur ähnliche Nester, sondern unterscheiden sich auch kaum im Aussehen. Nur die Färbung des Kopfes verrät, ob es sich um eine Gemeine Wespe oder um eine Deutsche Wespe handelt.

STECKBRIEF
Hornisse

Größe
- Arbeiterinnen: 18 – 25 mm
- Drohnen: 21 – 28 mm
- Königin: 23 – 35 mm

Merkmale
- Große Wespe mit auffallend schwarz-gelb gemustertem Hinterleib
- Kopf und Brust oft rötlich gefärbt
- Kleiner Kopf mit seitlich liegenden Augen

Lebensraum
Wälder, Gärten, menschliche Siedlungen

Nahrung
- Larven: von erwachsenen Hornissen erbeutete und zerkaute Insekten
- Erwachsene Hornissen: Baumsäfte, selten Nektar

Lebensweise
In Staaten aus bis zu einigen Hundert Tieren (eusozial)

Beobachtungszeit
April – Oktober. Nur befruchtete Jungköniginnen überwintern und bilden im Frühjahr einen neuen Staat.

Kopf und Brust der Hornissen sind oft rötlich gefärbt.

Nachtschwärmer

Im Gegensatz zu den meisten anderen Wespen sind Hornissen nachtaktiv. Weil Licht sie anlockt, sammeln sie sich oft vor erleuchteten Fenstern. Wo Hornissen leben, sollte man das Licht daher nur bei geschlossenen Fenstern anschalten.

Das Hornissennest

Hornissen legen ihre Nester gern in Baumhöhlen oder Gebäudenischen an. Im Frühjahr baut die Königin aus zerkautem Holz die ersten Papierwaben und legt ihre Eier hinein. Später fügen die Arbeiterinnen neue Zellen hinzu. Eine papierartige Hülle umgibt das Nest, das an der Unterseite ein Einflugloch hat und meist höchstens einen halben Meter hoch wird.

Die Öffnung des Hornissennestes liegt an der Unterseite.

Sind Wespen gefährlich?

Wespen lieben süße Nahrungsmittel.

Während sich Hornissen uns Menschen gegenüber meist friedlich verhalten, können die Deutsche und die Gemeine Wespe durchaus angriffslustig werden, wenn sie sich bedrängt fühlen.

Immer mit der Ruhe!

Weil diese Wespenarten eine Vorliebe für zuckerhaltige Nahrungs-mittel haben, stärken sie sich gerne mit Kuchen und süßen Geträn-ken. Wenn du von einer oder mehreren Wespen belästigt wirst, soll-test du vor allem ruhig bleiben. Wer mit den Armen fuchtelt, um die Wespen zu vertreiben, reizt sie leicht. Stattdessen solltest du einfach weggehen. Manchmal hilft es auch, den Wespen abseits des Tisches einen kleinen Futterteller hinzustellen.

Wespenstich – was nun?

Wie Bienenstiche sind auch die Stiche von Wespen und Hornissen nur dann gefährlich, wenn du in den Mund oder Hals gestochen wirst oder gegen das Gift allergisch bist. In diesen Fällen brauchst du sofort ärztliche Behandlung. Ansonsten reicht es, wenn du die Einstichstelle kühlst oder eine rohe Zwiebel daraufhältst. Da Wespen und Hornissen ihren Stachel beim Stechen nicht verlieren, musst du ihn nicht entfernen.

Geschützte Arten

Wusstest du, dass Wespen und Hornissen bei uns unter Naturschutz stehen und nicht bekämpft werden dürfen? Wer ein Wespen- oder Hornissennest beseitigen oder umsiedeln möchte, braucht dafür die Genehmigung der Naturschutzbehörden.

↖ Eine Wespe im Apfelsaft kann gefährlich sein.

Unsichtbare Gefahr

Da Wespen gerne von süßen Getränken naschen, solltest du im Sommer Tassen und Gläser draußen immer abdecken oder einen dünnen Trinkhalm verwenden. Sonst kann es allzu leicht passieren, dass beim Trinken eine Wespe in deinen Mund gerät.

Einsiedlerwespen

Große Verwandtschaft

Die meisten heimischen Wespenarten bilden keine Staaten, sondern leben einzeln (solitär). Man bezeichnet sie auch als Einsiedlerwespen. Hier sind einige Beispiele für ihre Lebensweisen.

Solitäre Pflanzenwespen

Diese Wespen ernähren sich meist von Pflanzenteilen und Nektar, teils aber auch von anderen Insekten. Weil ihre Larven erhebliche Schäden an Pflanzen anrichten können, sind viele Pflanzenwespenarten bei Landwirten und Gärtnern unbeliebt.

Solitäre Taillenwespen

Gallwespen

Wenn diese unscheinbaren Insekten ihre Eier an bestimmten Pflanzen ablegen, geben sie gleichzeitig besondere Wuchsstoffe ab. Dadurch bildet die Pflanze Wucherungen, die sogenannten Pflanzengallen. Im Inneren dieser Gebilde wachsen die Wespenlarven heran. Sie ernähren sich von Pflanzenstoffen und verpuppen sich in der Galle, bevor sie schließlich als fertige Wespen schlüpfen.

Die Gallen der Eichengallwespe erinnern an kleine Äpfel.

Grabwespen

Diese Wespen graben Niströhren in den Boden, in die sie ihre Eier legen. Ihren Nachwuchs füttern sie mit anderen Insekten, deren Larven und Spinnen.

Schlupfwespen

Auch Schlupfwespen sehen harmloser aus, als sie sind. Erwachsene Schlupfwespen legen ihre Eier in oder an die Körper anderer Insekten. Die Tiere, die dabei geschädigt werden, bezeichnet man als Wirte. Die Larven entwickeln sich nun, indem sie ihren Wirt auffressen. Die verschiedenen Schlupfwespenarten haben sich auf bestimmte Insekten spezialisiert.

Einsiedlerwespen sehen ganz unterschiedlich aus.

STECKBRIEF
Gemeine Sandwespe

Größe
- Weibchen: 16 – 24 mm
- Männchen: 14 – 29 mm

> **Merkmale**
> - Schmale Wespe mit deutlicher Einkerbung zwischen Brust und Hinterleib (Taillenwespe)
> - Kopf und Brust schwarz
> - Hinterleib schwarz-rot gemustert

Lebensraum
Böschungen, Kiesgruben, menschliche Siedlungen

Nest
Bis 20 cm tiefe, selbst gegrabene Niströhren in sandigen Böden

Nahrung
- Larven: von der Mutter erbeutete Raupen, bevorzugt Eulenfalterraupen
- Erwachsene Sandwespen: Nektar

Lebensweise
Einzeln (solitär)

Beobachtungszeit
April – Oktober

Die Gemeine Sandwespe hat eine sehr schlanke Taille.

STECKBRIEF
Kohlrüben-Blattwespe

Größe
6 – 8 mm

Merkmale
- Kleine Wespe mit überwiegend schwarzem Kopf
- Brust und Hinterleib gelbrot
- Keine Einkerbung zwischen Brust und Hinterleib (Pflanzenwespe)
- Fühler aus 10 kleinen Einzelgliedern

Lebensraum
Gärten, Parks, landwirtschaftliche Flächen

Fortpflanzung
Die Weibchen legen ihre Eier auf Pflanzenblättern ab. Nach dem Schlüpfen ernähren sich die Larven von den Pflanzen.

Nahrung
- Larven: Kohl und andere Pflanzen
- Erwachsene Blattwespen: Nektar, Pollen, Honigtau

Lebensweise
Einzeln (solitär)

Beobachtungszeit
Mai – Oktober

Kohlrüben-Blattwespe

Selbst gemachte Kerzen

Wunderschöne Lichter

Bienenwachskerzen sind wunderschön und eignen sich gut als Geschenke für deine Eltern und andere Verwandte. Bitte lass dir beim Erhitzen des Wassers und beim Umgang mit dem heißen Wachs von einem Erwachsenen helfen.

Du brauchst:
- hohen, hitzefesten Behälter
- großen Topf
- Topfhandschuhe
- Kerzendocht
- Bienenwachs (Wachsplatten oder Stummel von Bienenwachskerzen)
- Messer

So geht's:

1. Gib das Wachs in den hohen Behälter. Lass dir von einem Erwachsenen dabei helfen, in dem Topf Wasser zu erhitzen.

2. Stell den Behälter mit dem Wachs ins Wasserbad und bringe das Wachs zum Schmelzen.

3. Wenn das Wachs flüssig ist, nimmt der Erwachsene den Topf vom Herd und hebt mit den Topfhandschuhen den Wachsbehälter heraus.

4. Tunke nun den Docht in das Wachs, ziehe ihn wieder heraus und straffe ihn. Sobald das Wachs am Docht fest geworden ist, tauchst du den Docht erneut ein.

5. Wiederhole diesen Vorgang immer wieder, bis deine Kerze die gewünschte Dicke hat. Nachdem dein erwachsener Helfer das untere Ende gerade abgeschnitten hat, ist deine selbst gemachte Bienenwachskerze fertig!

Glossar

Arbeiterin: weibliche Biene oder Wespe, die für ihr Volk verschiedene Aufgaben übernimmt

Bestäubung: Vorgang, bei dem Insekten Pollen von Blüte zu Blüte befördern und so die Vermehrung der Pflanzen ermöglichen

Beute: vom Imker zur Verfügung gestellte, besondere Kiste als Behausung für Honigbienen

Bienenkönigin: große, weibliche Biene, die als Einzige in ihrem Volk Eier legt

Bienenstock: Behausung der Honigbienen (Beute) zusammen mit allen Bewohnern

Drohn: Ein Drohn, oft auch als Drohne bezeichnet, ist eine männliche Biene oder Wespe.

eusozial: So nennt man Bienen und Wespen, die Staaten bilden und ihren Nachwuchs in gemeinsamen Nestern aufziehen.

Imker: Bienenhalter, der Honigbienenvölkern ein Zuhause gibt, sich um sie kümmert und ihren Honig erntet

Larve: Insekt während seiner Entwicklung vom Ei zum erwachsenen Tier

Nektar: zuckerhaltiger Blütensaft

Pollen (Blütenstaub): kleine Pflanzenkörner mit männlichen Geschlechtszellen

Puppe: Insektenlarve, die in einer schützenden Hülle den letzten Abschnitt ihrer Entwicklung durchläuft

solitär: So nennt man einzeln lebende Bienen und Wespen.

Wabe: von Bienen oder Wespen gebautes Gebilde aus kleinen, sechseckigen Zellen, in denen die Insekten ihren Nachwuchs aufziehen

Stichwortverzeichnis

Bildnachweis